AF279336

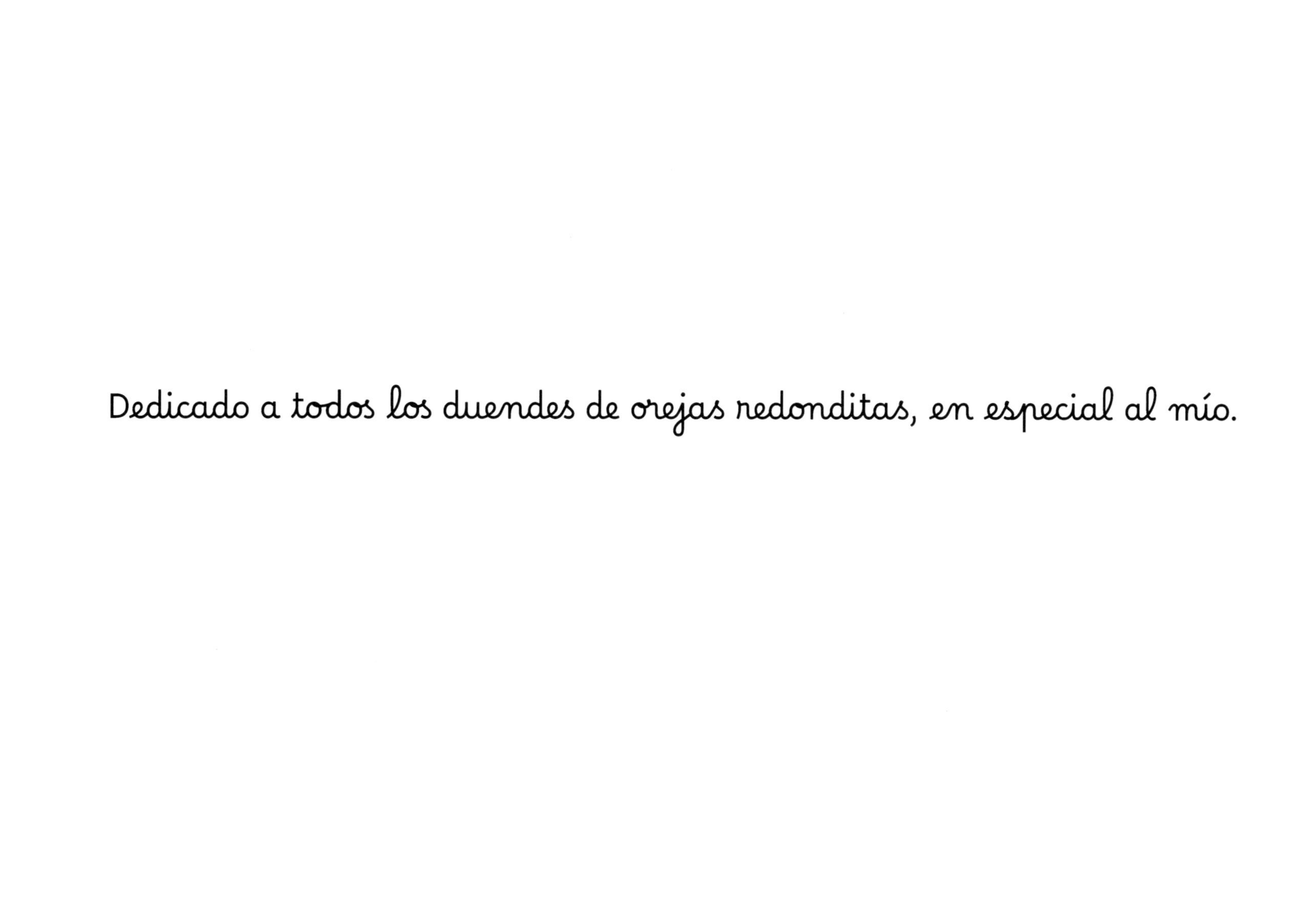
Dedicado a todos los duendes de orejas redonditas, en especial al mío.

Yo soy Zapirolo, para mi familia y amigos Zapi (y para vosotros también). Soy un duende de siete años, bastante alto para mi edad, con el pelo muy rizado y la nariz achatada. Pero si algo me caracteriza y me hace diferente del resto de duendes, son mis orejas. Y es que no son puntiagudas como las de los demás; son redonditas, ¡como las de los humanos! Algo poco habitual en la familia de duendes.

Mi familia y mis amigos dicen que soy un duende divertido, guasón, muy juguetón y un poco despistado, pero también dicen que soy algo rebelde, contestón y un poco necio... Es que, en realidad, no se puede ser perfecto en esta vida, sino, sería demasiado aburrida.

Mi mayor ilusión siempre ha sido ser uno de los duendes ayudantes de Papá Noel. Principalmente para recoger y leer las cartas de los niños y niñas, alimentar y cuidar a los renos, empaquetar y envolver regalos, clasificarlos y ordenarlos, y muchas más cosas...

Zzz

Para poder cumplir esta ilusión es necesario entrar a formar parte de la escuela de duendes de Papá Noel. Pero, por mi condición, nunca lo tuve nada claro: ¡no tengo orejas de duende!, ¡tengo las orejas redonditas!

En realidad, una escuela para duendes es una escuela muy parecida a la de cualquier niño o niña del resto del mundo; en ella se aprenden muchas cosas; desde cuidar de los renos, hacer amistades, jugar y compartir, sumar y restar, leer y escribir, hasta clasificar y ordenar los regalos...

Escuela de Duendes

Pero lo más importante es que se aprende a respetar y a disfrutar. Además de todo esto, en la escuela de duendes también enseñan a ayudar y a trabajar en equipo ya que son los duendes los que se encargan, entre todos, de seleccionar los juguetes y los regalos, supervisar que los renos estén bien atendidos y cuidados, etc., para que así, Papá Noel pueda repartir todos los regalos la noche de Navidad.

Todos mis amigos duendes me decían que para poder entrar en la escuela se debe de realizar una entrevista muy exhaustiva (casi, casi como si fuese un examen para chicos y chicas de instituto), con unas preguntas a las que es necesario contestar muy seria y correctamente. Y que el entrevistador es un duende adulto muy serio, disciplinado y exigente.

milio

Al principio, la idea de acudir a la entrevista me acobardó un poco y, si os digo la verdad, me sentí inseguro, pero eso no me impidió seguir adelante. Quise ir y me acompañaron mamá y papá. Ellos siempre dicen que para que las cosas salgan bien se debe ser optimista y confiar en uno mismo. ¡Y os aseguro que ese consejo nunca falla!

sala de
espera

Desde luego, no recuerdo haber pasado tantos nervios como aquel día... ¡Me preocupaba tanto tanto que no les gustasen mis orejas que no pensaba en otra cosa!

Cuando entré en aquel despacho tan grande y vi a aquel duende corpulento, serio y adulto, solo pensé en concentrarme al máximo para poder responder a lo que él me preguntase.

milio
zapirola

—Buenos días, Zapirolo. Soy el duende Milio. Siéntate. Estás aquí porque entiendo que quieres entrar a formar parte del grupo de duendes ayudantes, ¿verdad? Me gustaría saber por qué estás aquí. ¿Cuáles son tus razones para querer entrar en esta escuela?

Entonces cerré los ojos fuertemente, todo lo fuerte que os podéis imaginar, respiré hondo, muy hondo, y contesté firme y serio:

—Quiero entrar en esta escuela porque quiero ayudar a Papá Noel.

En ese preciso instante, Milio me miró de forma extraña... Creo que se había dado cuenta de que no soy como el resto de los duendes.

Decidió entonces ir a buscar a Papá Noel, para así decidir qué hacer conmigo, supuse.

Papá Noel se quedó igual de sorprendido que Milio.

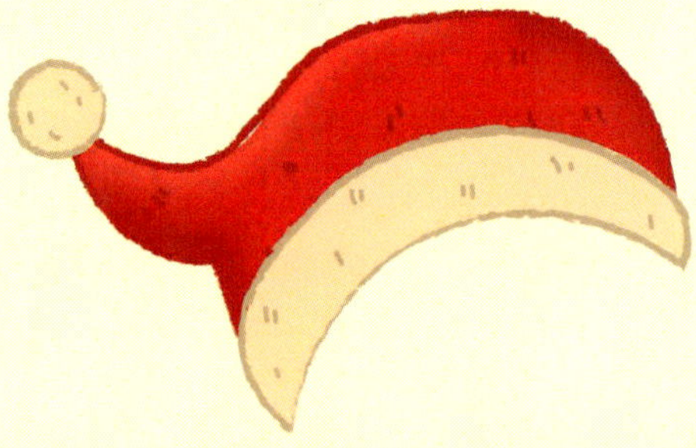

mill
apirolo

Tanto fue así que los dos tenían la misma cara de "setalimón" (esa cara que ponen los adultos cuando algo les parece extraño o raro).

Pasaron un rato hablando entre ellos, hasta que Milio me dijo:

—Está bien, pero ¿tú sabes que no tienes las mismas orejas que los demás duendes, verdad? ¿Por qué crees que deberías entrar en esta escuela si no eres igual que el resto?

    ¿Nunca os ha pasado que de los nervios os entran ganas de hacer pis?? Buff, en ese momento creí que me meaba (o me cagaba) por encima.

    Pero no, no lo hice, aguanté y me concentré todo lo posible para responder con seguridad y claridad.

—Claro que lo sé. Tengo las orejas redonditas, ¿y qué importa? Con ellas también puedo escuchar, puedo jugar, puedo cantar, puedo aprender, respetar, leer, contar, cuidar, recortar... Y, sobre todo, puedo ayudar y trabajar en equipo, como los demás duendes del país. ¡Todos podemos hacer lo mismo!

Milio y Papá Noel se quedaron perplejos con aquella respuesta y es que, ¡no me faltaba razón!

milio

Por eso no dudaron ni un momento en abrirme las puertas de su escuela.

¡Al fin he logrado ser un duende ayudante de Papá Noel! Este año vuestros regalos van a llegar a vuestras casas cargados, cargaditos de ilusión (mucha ilusión, toda la del mundo), la misma que puedes tener tú cuando consigues lo que te propones. ¿Sabes por qué? Porque al final, ni la forma ni el tamaño ni el color de mis orejas han sido, ni deberían de ser, una dificultad ni un obstáculo ni un impedimento para ser uno más en la escuela de duendes.

Porque al final todos y todas podemos ser diferentes en forma, tamaño, color y personalidad, pero nunca podremos ser tratados de forma diferente.

Escuela de Duendes

Agradecimiento especial: al equipo de Hipoacusia Infatil del Hospital Universitario Central de Asturias (HUCA), en concreto al Doctor Níñez y a la Doctora Carro. Y, como no, al CEIP Príncipe de Asturias de Tapia de Casariego, especialmente al equipo directivo, al equipo docente y a los compañeros y compañeras de mi duende de orejas redonditas.

"Los buenos profesionales dejan huella".

APULEYO
EDICIONES